JN051020

すみっコぐらし はじめての お料理Book

島本美由紀

子どもお料理入門

東京書店

はじめに

この本は、はじめてキッチンに立つ小学生のみなさんに向けて、
むりなく、かんたんに作れるレシピをまとめた料理本です。

包丁を使わずに作ることができるかんたんなメニューから、
電子レンジやトースターで作れる人気のメニュー、
そして、コンロを使った本格的なメニューへとステップアップしていくので、
いろいろなレシピに挑戦できますよ。

包丁やコンロの使い方を写真で分かりやすく紹介していますが、
はじめは家族に手伝ってもらいながら作ってみましょう！
なれたらひとりでも作れるようになるので、食べたい料理を見つけたら、
どんどんチャレンジしてください。

『すみっコぐらし』のみんなも応援してくれているので、
楽しく調理ができるはずです。

この本を通じて、
自分で作ることのできる楽しさや、だれかのために作るよろこびなど、
料理のおもしろさを少しでも感じてもらえたらうれしいです。

料理研究家　島本美由紀

おうちの方へ

本書は料理に興味があるお子さんを
応援するための本です。
お子さんが「料理をしてみたい」と言いだしたら、台所に招き入れ、親子で料理を作るよろこび、
食べるよろこびを一緒に味わってみてください。
はじめは遊びの延長で、お子さんに料理の楽しさを感じてもらい、
少しずつ高度な料理に挑戦していきましょう。
もちろん包丁やコンロ、熱くなった鍋や容器を扱う際には、
おうちの方が必ずつくようにお願いします。
鍋や包丁などの調理器具は、子ども用のものでなくとも
お子さんの体のサイズに合ったものを用意できれば問題ありません。
「すみっコぐらし」の可愛らしいキャラクターたちと共に、
楽しく料理を身につけられるよう、まずは親子で挑戦してみてください。

レシピの見方

材料
料理に必要な食材と調味料を紹介しています。

作り方
料理の手順をわかりやすく解説しています。

ポイント
調理のコツや注意点などが書かれています。

アレンジ
食材や調味料を変えてできるアイデアなどが書かれています。

調理器具マーク

電子レンジを使う料理についているマークです。この本では600Wの電子レンジを使用。

オーブントースターを使う料理についているマークです。この本では1000W（220〜230℃）のオーブントースターを使用。

コンロを使う料理についているマークです。

もくじ

この本のきまりごと

● 野菜類は、切る前に水でさっと洗い、キッチンペーパーを使うかザルにあげて水気を切っておきます。

● 材料に「○○切りにする」と書かれている食材は、最初に切っておきましょう。切り方は67ページを確認してください。

● 材料に「適量」と書かれているものは、必ず適切な量を入れてください。「適宜」と書かれているものは、なくても大丈夫です。

● 作り方に「ふたをする」、「ふたをして」と書いていなければ、ふたは必要ありません。

● 「粗熱を取る」と書かれている場合は、手でさわることができる温度まで冷ましてください。

しろくま

北からにげてきた、さむがりでひとみしりのくま。あったかいお茶をすみっこでのんでいるときがいちばんおちつく。

ぺんぎん？

じぶんはぺんぎん？自信がない。昔はあたまにお皿があったような……。じぶんがなにものかさがす日々。

とんかつ

とんかつのはじっこ。おにく1％、しぼう99％。あぶらっぽいから、のこされちゃった……。ピンク色の部分が1％のおにく。

ねこ

はずかしがりやのねこ。気が弱くよくすみっこをゆずってしまう。実は体型を気にしている。

とかげ

じつは、恐竜の生きのこり。つかまっちゃうのでとかげのふり。にせものなかまのにせつむりとなかよし。

イエロー　ピンク　ブルー

えびふらいの しっぽ

かたいから食べのこされた。とんかつとはこころつうじる友。

たぴおか

ミルクティーだけ先にのまれて吸いにくいからのこされてしまった。ひねくれもの。よくらくがきをする。たぴおかはたくさんいる。

ブラック たぴおか

ふつうのたぴおかより、もっとひねくれている。

ふろしき

しろくまのにもつ。すみっこのばしょとりやさむいときに使われる。たまにせんたく。

ざっそう

いつかあこがれのお花屋さんでブーケにしてもらう！　という夢を持つポジティブな草。足は根っこ。

にせつむり

じつはカラをかぶったなめくじ。うそついてすみません……。よくカラじゃないものもかぶっている。

ほこり

すみっこによくたまるのうてんきなやつら。分裂して小さくなったり集合して大きくなったりできる。

すずめ

ただのすずめ。とんかつを気に入ってついばみにくる。最近は、ふろしきの中身が気になるらしい……。

おばけ

屋根裏のすみっこにすんでいる。こわがられたくないのでひっそりとしている。そうじ好き。

やま

ふじさんにあこがれている
ちいさい山。温泉に現れて
は、ふじさんになりすまして
いる。温泉につかると赤ふ
じになる。

ぺんぎん（本物）

しろくまが北にいた
ころに出会った
友達。とおい南か
らやってきて世界
中を旅している。

あじふらいの
しっぽ

かたいから食べのこ
された。のこること
ができてラッキーだ
と思っている。ポジ
ティブな性格。

もぐら

地下のすみっこに
くらしていた。上
がさわがしくて気
になってはじめて
地上に出た。

ふくろう

夜行性だけどなか
よしのすずめに合
わせてがんばって
昼間に起きている。

まめマスター

喫茶店のマスター。
この世で一番うまい
とうわさのおいしい
コーヒーをいれる。
口数が少ない。

とかげ（本物）

とかげのともだち。森で
くらしている本物のとか
げ。細かいことは気にし
ないのんきな性格。

きのこ

森でくらしている
きのこ。じつはカ
サが小さいのを気
にしていて大きい
のをかぶっている。

パン店長

『パン屋すみっコ』
の店長。パンを
作っているときは
しんけんな顔。お
しゃべりが好き。

あげだま

あじふらいのしっぽ
にくっついてやって
きた、ちいさなあげっ
コたち。たくさんい
る。性格もいろいろ。

こーん

コーンスープ缶やお皿
のすみっこにのこされ
ちゃった……。食べて
もらいたくてぞろぞろ
やってくる。

とんかつ王

たべもの王国の王さ
ま。昔スーパーでとん
かつと一緒に売れの
こっていた。

あげだま隊員

とんかつ王につ
かえている。ま
ゆげがりりしい
しっかり者。

みにとまと

おべんとうでのこ
されたけど、王国
での生活を楽しも
うとしている。

こめつぶ

ちゃわんのす
みにのこされ
て王国へやっ
てきた。

料理をするときにとてもよく使う、基本的な調味料・油・粉類をまとめて紹介します。
それぞれの特徴や種類、使い方などを覚えておくと、迷わずに調理をすることができます。

砂糖

甘みを加えるうえ、素材をやわらかくし、ほかの調味料の味を含ませやすくします。

塩

この本では粗塩（自然塩）を使用。種類によって塩気の強さが違うので、味をみて調整を。

こしょう 黒こしょう

この本では白こしょうと黒こしょうを混ぜたタイプを主に使用。

しょうゆ

濃口と薄口があり、「しょうゆ」といえば普通は濃口のこと。開封後は冷蔵保存しましょう。

みそ

産地や原材料で色、味に違いがあり、種類は豊富。この本ではだし入りの淡色みそを使用。

酢

この本では小麦やとうもろこしなどを原料にした「穀物酢」を使用。クセがなく、さっぱりとしています。

みりん

甘みを加える調味料の一種。この本で使っているのは「本みりん」です。

和風だしの素 コンソメの素 鶏がらスープの素

スープや煮込み料理のだしとして使用。顆粒タイプは手軽に使えて便利です。

サラダ油

JAS（日本農林規格）の基準を満たして作られた植物油。クセがなく、どんな料理にも合わせやすいです。

オリーブ油

オリーブの実を搾って作った油。生食向き最高級品を「エキストラバージン」といいます。

ごま油

ごまの種子をばいせんして搾った油で、香ばしい香りが特徴。料理の香りづけにも使います。

バター

牛乳から分離したクリームを練って固めた食品。この本では「有塩バター」を使用しています。

マーガリン

バターに似せて作られた加工食品。バターに比べあっさりとした味わいで、口どけが良いのが特徴。

酒

この本では料理酒ではなく、清酒（日本酒）を使用。なお、料理酒には調味料が入っており、日本酒とは別物です。

めんつゆ

昆布やかつおのだしに、しょうゆ、砂糖、みりんなどを加えた調味料。濃縮タイプは水で薄めて使います。

中濃ソース

適度なとろみとバランスのよい味が特徴。揚げ物にかけるほか、料理の隠し味としても◎。

おろしにんにく おろししょうが

それぞれをすりおろしたもの。チューブ入りはお手軽に使えて便利です。

トマトケチャップ

完熟トマトなどを原料にした調味料。酸味や甘み、うまみがあるので、隠し味にもおすすめ。

マヨネーズ

どんな料理にも使える万能調味料。卵と酢、植物性油などから作られます。

片栗粉

揚げ物の衣として食材にまぶしたり、料理にとろみをつけたりします。

小麦粉

この本で使っているのは薄力粉。さまざまな料理で活躍する小麦粉です。

パン粉

パンなどを粉状に砕いた加工食品。香ばしさを加えるときなどに使われます。

生クリーム

生乳や牛乳の「乳脂肪」を原料としたクリーム。主に風味、コク付けとして使われます。

よく使う調理道具

料理をする前に、よく使う基本の調理道具を知っておきましょう。
これさえあれば、ほとんどの料理を作ることができます。

フライパン（大・小）
大／直径 24 ～ 26㎝
小／直径 18 ～ 20㎝

炒めるだけでなく、ゆでたり煮たりなどの調理でも大活躍！

鍋（片手鍋・実用鍋）
片手鍋／直径 16 ～ 18㎝
実用鍋／直径 15 ～ 45㎝

片手鍋は 1 ～ 2 人分を作るにはちょうど良いサイズ。実用鍋はいろいろなサイズがあるので、好みや用途で選びましょう。

耐熱皿 電子レンジ調理では、調理容器兼盛りつけ皿に。	**ボウル** 混ぜる、あえるなど、さまざまな調理で使います。	**バット**  材料を並べる、下味をつける、粉をまぶすなど、下ごしらえで重宝します。	**ザル**  水気を切るときに使う調理器具です。

包丁  手に合った大きさで、握りやすいものを選びましょう。	**まな板** 匂いやカビがつきにくい、プラスチック製が初心者にはおすすめです。	**ピーラー** 野菜の皮を手早く、きれいにむく調理器具。	**菜箸** 調理や盛りつけに使う長い箸。

キッチンばさみ  食材を切るときに包丁の代わりとして活躍。	**しゃもじ**  ごはんをよそうときに使用します。	**木べら**  炒めたり混ぜたりするときに使用。	**お玉**  汁ものや煮ものをすくったり、混ぜたりするときに使います。

フライ返し 菜箸ではつかみにくい食材を扱うときに使用します。	**ラップ・アルミホイル**  ラップは保存だけでなく電子レンジでの加熱調理にも使います。アルミホイルは直火やトースターでの調理に活躍。	**キッチンペーパー**  吸水性にすぐれたキッチン専用の紙ふきん。	**耐熱コンテナ**  素材や料理の冷蔵・冷凍保存だけでなく、調理容器としても使えます。

ミトン
熱くなった鍋の取っ手や、加熱した皿を持つときなどに使用します。

材料をはかるときに使うもの

計量カップ
液体や粉ものをはかる容器。

計量スプーン

調味料や粉をはかるスプーン。大小 2 本セットが基本です。

デジタルスケール

食材の重さをはかる調理用の計量器。

9

材料／調味料のはかり方

料理をおいしく作るコツは、適切な量の調味料を使うこと。
基本的な調味料のはかり方を覚えて、味つけをマスターしていきましょう。

- ●大さじ1……15㎖（15cc）　●小さじ1……5㎖（5cc）　●1カップ……200㎖（200cc）

粉・顆粒

砂糖・塩・小麦粉・片栗粉・顆粒だし・カレー粉　など

大さじ1・小さじ1 のはかり方

計量スプーンに山盛りに盛ってから、別の計量スプーンの柄などを水平に当てて平らにならし、すりきりにします。

1/2・1/3 のはかり方

すりきりに2等分または3等分の線を入れて、別の計量スプーンの柄で使わない分を取りのぞきます。

液体・半液体

水・酢・しょうゆ・みりん・ソース　など

大さじ1・小さじ1 のはかり方

計量スプーンにフチからあふれるぎりぎりのところまで入れて、表面が盛り上がっている状態にします。

1/2 のはかり方

計量スプーンの深さの2/3まで入っている状態にします。

1/3 のはかり方

計量スプーンの深さの1/2まで入っている状態にします。

1カップのはかり方

計量カップを平らなところへ置き、液体の揺れが少ない状態で真横から見てはかります。

ひとつまみ

親指と人差し指、中指の3本の指を使ってつまんだ量。およそ小さじ1/4になります。

少々

親指と人差し指の2本の指を使ってつまんだ量。およそ0.2〜0.5gになります。

3.5cm（実寸）

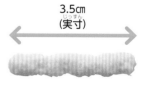

しょうが・にんにくチューブ

3.5cm分でおよそ小さじ1になります。

第1章 すぐできる かんたんごはん 16品

ツナマヨレタス

 **材料** （1人分）

- 食パン（6枚切り）① ‥ 1枚
- ツナ（汁は切る）② ……………
　………… 1/2缶（約25g）
- レタス③ ………………… 1枚
- マヨネーズ………… 大さじ1
- バター（室温に戻す）
　………………………小さじ1

マヨネーズ

バター

作り方

1 ボウルにツナとマヨネーズを入れて混ぜる。

2 食パンにバターをぬる。

3 レタスを大きめにちぎってのせる。

4 ③の上に①を広げてのせる。

ジャムチーズ

材料 (1人分)

- 食パン（6枚切り）①…1枚
- スライスチーズ②……1枚
- ブルーベリージャム③
　　………大さじ1と1/2

作り方

1 食パンにスライスチーズをのせる。

2 その上にジャムをぬる。

シュガーパン

材料 (1人分)

- 食パン（6枚切り）①…1枚
- マーガリン………小さじ2
- 砂糖…………………小さじ2

マーガリン　砂糖

ポイント

バターではなくマーガリンを使う。

Q どうしてマーガリンなんですか？

A バターよりもあっさりとしているマーガリンを使うことで、砂糖の味が引き立ち、おいしくなるからです。

作り方

1 ボウルにマーガリンと砂糖を入れて混ぜる。

2 よく混ざったら食パンにぬる。

ハム・チーズ・きゅうり のサンドイッチ

 材料 （1人分）

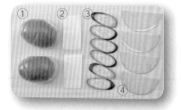

- ●ロールパン① ………… 2個
- ●マヨネーズ…… 小さじ1/2
- ●スライスチーズ（半分に切る）②
  ………………………………1枚
- ●きゅうり（斜めに薄切りする）
  ③ ………………… 1/2本
- ●ハム（半分に切る）④… 2枚

マヨネーズ

 作り方

1 ロールパンは包丁で切り込みを入れる。

2 切り込みにマヨネーズをぬる。

3 スライスチーズ、きゅうり、半分に折りたたんだハムの順にロールパンにはさむ。

卵のサンドイッチ

 **材料** （1人分）

- ●ロールパン① ………… 2個
- ●ゆで卵（殻はむく）② … 1個
- ●マヨネーズ ……… 小さじ2
- ●塩・こしょう ……… 各少々
- ●ドライパセリ ………… 適量

 マヨネーズ   塩   こしょう   ドライパセリ

作り方

1 ゆで卵はマグカップに入れ、フォークでつぶす。

2 マヨネーズ、塩・こしょうを加えて混ぜる。

3 ロールパンは包丁で切り込みを入れる。

4 ②をはさみ、ドライパセリをふる。

フルーツの
ポケットサンドイッチ

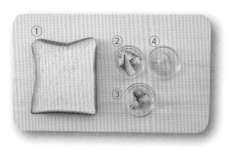

ホイップ
クリーム

材料
（ひとり分）

● 食パン（4枚切り）① ・・・・・・・・・・・・・・・・・・・・ 1枚
● いちご（縦4等分に切る）② ・・・・・・・・ 1/2個
● キウイ（ひと口大に切る）③ ・・・・・・・ 1/16個
● オレンジ（ひと口大に切る）④ ・・・・・ 1/16個

● ホイップクリーム ・・・・・・・・・・・・・・・・・・・ 適量

作り方

1 食パンは半分に切る。

2 断面に包丁で切り込みを入れてポケット状にする。

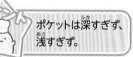

ポイント ポケットは深すぎず、浅すぎず。

Q ポケットを作る際のコツはありますか？

A 先のとがった小型の包丁を使いましょう。

3 2の切り込みにホイップクリームを入れる。

4 ホイップクリームの上にフルーツをのせる。

アレンジ フルーツはお好みで！

Q おすすめのフルーツはありますか？

A なんでもOK！ 缶詰のフルーツでもおいしくできますよ。

かつおぶしのTKG（たまごかけごはん）

 **材料** （1人分）

- ●ごはん① ……… 茶碗1杯分
- ●かつおぶし‥ 小1パック（3g）
- ●卵② ………………………… 1個
- ●しょうゆ ……………… 適量

かつおぶし　しょうゆ

 作り方

1 茶碗に盛ったごはんにかつおぶしをのせる。

2 小皿に割り入れた卵を①にのせ、しょうゆをかける。

18

鮭バター
しょうゆごはん

 **材料** (1人分)

- ●ごはん① ……… 茶碗1杯分
- ●鮭フレーク② ····· 大さじ2
- ●バター ………………… 10g
- ●しょうゆ ……………… 少々

バター　　しょうゆ

作り方

1 茶碗に盛ったごはんに鮭フレークをのせる。

2 バターをのせ、しょうゆをたらす。

塩昆布チーズごはん

 **材料** (1人分)

- ●ごはん① ……… 茶碗1杯分
- ●塩昆布② ………………… 5g
- ●ベビーチーズ③
　　　　………1個（約13.5g）
- ●白ごま……… 小さじ1/2

白ごま

作り方

1 ボウルにごはんと小さくちぎったベビーチーズを入れる。

2 塩昆布と白ごまを加え、よく混ぜ、茶碗に盛る。

ぶっかけうどん

 材料 （1人分）

- 冷凍うどん① ……………… 1玉
- 温泉卵② ……………………… 1個
- 万能ねぎ（小口切りにする）
  ③ ……… 大さじ1
- 揚げ玉④ ………… 大さじ1
- 白ごま ………… 小さじ1/3
- めんつゆ（ストレート）
  ……………… 大さじ2〜3

白ごま

めんつゆ

作り方

 やけどに注意！

1 冷凍うどんは袋ごと耐熱皿にのせ、パッケージにある加熱時間通りに電子レンジで加熱する。

2 器にうどんを入れ温泉卵をのせる。

3 揚げ玉、万能ねぎをのせ、白ごまをふり、めんつゆを回しかける。

20

カニ風味かまぼこと
コーンのサラダうどん

電子レンジ使用

 **材料** （1人分）

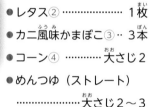

- 冷凍うどん① ………… 1玉
- レタス② ……………… 1枚
- カニ風味かまぼこ③‥ 3本
- コーン④ ……… 大さじ2
- めんつゆ（ストレート）
  ………………… 大さじ2〜3
- マヨネーズ ………… 適量

めんつゆ　マヨネーズ

 作り方

1 冷凍うどんは袋ごと耐熱皿にのせ、パッケージにある加熱時間通りに電子レンジで加熱する。

2 うどんをザルに入れて氷水にさらし、冷えたら水気をしっかり切る。

3 器に2を入れ、大きめにちぎったレタス、ほぐしたカニ風味かまぼこ、コーンをのせる。

4 めんつゆをまわしかけ、マヨネーズをジグザグにかける。

たらことちくわの
バターうどん

電子レンジ使用

 **材料** （1人分）

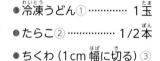

- 冷凍うどん① ………… 1玉
- たらこ② …………… 1/2本
- ちくわ（1cm幅に切る）③
  ………………………… 1本
- バター ……………… 10g
- しょうゆ ………………… 少々
- 青のり ………………… 適量

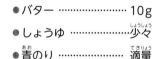
バター　しょうゆ　青のり

 作り方

1 たらこはスプーンや包丁の背で薄皮を破いて、中身を取り出す。

2 冷凍うどんは袋ごと耐熱皿にのせ、パッケージにある加熱時間通りに電子レンジで加熱する。

3 器にうどんとバターを入れ、よく混ぜる。

4 たらこ、ちくわをのせてしょうゆをかけ、青のりをふる。

レタスとハムの
コンソメスープ

材料 (1人分)

- レタス① ················ 1/2枚
- ハム② ················· 1枚
- コンソメの素（顆粒）

  ···········小さじ1
- 熱湯 ················· 150㎖

コンソメの素

作り方

1 レタス、ハムは食べやすい大きさに手でちぎり、カップに入れる。

2 コンソメの素を入れて熱湯を注ぐ。

ブロッコリーと
ミニトマトのチーズスープ

材料 (1人分)

- ミニトマト① ············ 2個
- 冷凍ブロッコリー② ····· 1房
- ピザ用チーズ③ ········· 10g
- コーン④ ············ 小さじ2
- コンソメの素（顆粒）

  ···········小さじ1
- 熱湯 ················· 150㎖

コンソメの素

ポイント
ミニトマトは数か所穴を開ける。

Q どうして穴を開けるの？

A トマトのうまみや風味をスープに移すためです。

作り方

1 ミニトマトは爪楊枝で3〜4か所ほど穴を開ける。

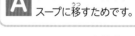
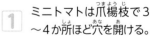

2 器に1とほかの具材を入れ、熱湯を注ぐ。

22

和風わかめスープ

材料 （1人分）

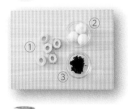

- ちくわ（1cm幅に切る）①
  ……………… 1/2本
- うずらの卵（水煮）② … 3個
- 乾燥わかめ③ ……… 小さじ1
- 和風だしの素（顆粒）
  ……………… 小さじ1/2
- 熱湯 ……………… 150㎖

和風だしの素

作り方

1 器にすべての具材を入れ、熱湯を注ぐ。

中華風かきたまスープ

材料 （1人分）

- 卵① ……………… 1個
- 万能ねぎ（小口切りにする）
  ② ……………… 小さじ1
- ごま油 ……………… 少々
- 鶏がらスープの素（顆粒）
  ……………… 小さじ1
- 白ごま ……… 小さじ1/3
- 熱湯 ……………… 150㎖

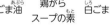
ごま油　鶏がら　白ごま
　　　スープの素

作り方

1 器に卵を割り入れ、溶きほぐす。

2 ほかの具材を加えて熱湯を注ぐ。

ごはんの炊き方

まずは基本中の基本、ごはんの炊き方を覚えましょう。
炊飯器を使えば、かんたんにおいしいごはんを炊くことができます。

米のはかり方

炊飯専用の計量カップのフチまで米を入れ、指を使って余分な米を落とします。炊飯専用の計量カップは1カップが1合＝180㎖。通常の計量カップは1カップ＝200㎖なので、間違えないようにしましょう。

材料
・米／2合
・水／適量

---

① 水を吸わせる

大きめのボウルに米を入れ、たっぷりの水を注ぎます。

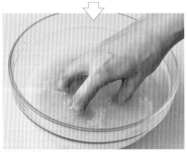

指先を使って米全体を大きくざっと混ぜ、米に水を軽く吸わせた後、素早く水を捨てます。

② とぐ

指を立て、力をあまり入れないようにして20～30回同じ方向にかき混ぜ、米をとぎます。

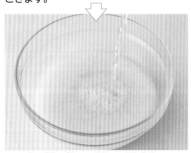

その後、水を加えて大きく一度混ぜ、にごったとぎ汁を捨てます。これをとぎ汁のにごりが薄くなるまで2～3回繰り返します。

③ 炊く

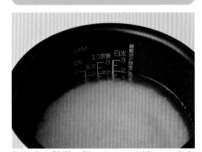

炊飯器の内釜に米を入れ、「白米」の目盛りに合わせて水を入れます。

炊き上がったら時間をおかず、すぐに底から返すようにして混ぜ、空気を含ませてふんわりさせた後、再度ふたを閉じて少し蒸らします。

※浸水させる場合は30分ほどおいてから炊きましょう。炊飯器によっては浸水時間があらかじめ設定されているものもあるので確認しましょう。

おにぎりの作り方

ポイント&アレンジ

ツナマヨ（ツナ缶1/2、マヨネーズ大さじ1、しょうゆ少々を混ぜる）や昆布、鮭フレーク、あぶったたらこなど、具材はお好みのものを。ごはんに具材を混ぜてから握るのもおすすめ。

材料 ・ごはん ・のり ・具材（うめ干し）

① 具材を入れる

茶碗に半分ほどごはんをよそい、具材を中央にうめるように入れる。

② 握る

手のひらに塩水をつけて、左手に①をのせる。

右手をくの字形にし、三角形の頂点を作るようにして、やさしく握る。

③ 形を整える

転がしながら数回握り、全体を三角形に整える。形が整ったらのりを巻く。

電子レンジの使い方

電子レンジは「かんたん」「時短」をかなえてくれる、調理の強い味方。
タイプの違いや容器の耐熱性などをチェックして、安心安全に使いましょう。

電子レンジのタイプをチェックしよう

☑ フラットタイプ

中が平らになっているタイプ。均一に電磁波が届いて温まるので、温めたいものを中央に置けば OK です。

☑ ターンテーブルタイプ

中に回る台がついているタイプ。電磁波が1箇所からしか出ないため、台にのせて食品を動かしながら加熱します。温めたいものは台の中央ではなく、やや外側に置きましょう。

⭕ 電子レンジに使えるもの

・磁器／陶器（金属不使用のもの）　・耐熱ガラス
・耐熱容器（耐熱 140℃以上のプラスチックやシリコン容器）
・ラップ（油分が多いものは、直接ふれないようにかける）

❌ 電子レンジに使えないもの

・金属容器　・耐熱 140℃以下のプラスチックやガラスなど
・木製容器や漆器　・アルミホイル

ポイント ①

ラップはふんわりかける

ラップはしっかりかけると破裂することがあるので、ふんわりとかけましょう。

ポイント ②

取り出すときはミトンを使う

レンジで加熱された器は熱くなっているので、取り出すときはミトンを使いましょう。

ポイント ③

ラップは奥から手前にはずす

湯気でやけどをしないよう、ラップは奥側から手前に向けてはずしましょう。

トースターの使い方

「焼き目」や「こげ目」をつけ、料理の見た目や香りをアップするトースター。
容器は、説明書をよく読んでトースターに対応するかを必ず確認しましょう。

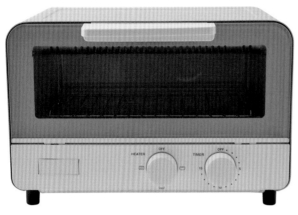

トースターに使えるもの

・アルミホイル
・耐熱容器

✕ トースターに使えないもの

・ラップやクッキング
　シート　・木製容器
・プラスチック容器
・シリコン容器
・磁器　・金属容器
・ガラス容器

ポイント① トースター本体にはさわらないで！

加熱中や加熱後は本体の上部、側面が熱くなります。みだりに本体にふれないように気をつけましょう。

ポイント② 高さに注意！

食材がトースター内部の電熱線に直接ふれると、こげたり発火したりする危険性がありますので、注意してください。

ポイント③ 取り出すときはミトンを使う

トースターで加熱された器やトレーは熱くなっているので、取り出すときはミトンを使い、やけどに注意しましょう。

お料理 Q&A

Q 卵を電子レンジにかけてもよいのでしょうか。

A そのまま電子レンジにかけると破裂することがあります。黄身に穴を開けておくと破裂を予防することができるので、つまようじなどで差してから、かけるとよいでしょう。

Q トースターで温めている食材がこげそうになっています。

A トースター内部の電熱線と食材が近づきすぎると、こげることがあります。アルミホイルを被せるとこがさずに調理できます。

Q 電子レンジを使うときは必ずラップをしないとダメ？

A ラップをしなくても温まりますが、汁物などの場合、飛び散って電子レンジの内部を汚してしまうことがあります。ふんわりとラップをすることをおすすめします。

Q ごはんを炊く水の量を倍にしたらおかゆになりますか？

A なりません。それどころか、吹きこぼれや生煮えの原因になります。おかゆを作るときは、炊飯器の「おかゆ炊き」機能を使いましょう。

Q レシピ通りに電子レンジにかけたけど、温まらなかった。

A 電子レンジの形式や、食材を置く場所などによって、十分に火が通らないことがあります。食材の様子を見ながら、少しずつ加熱時間を増やしてみてください。

Q 炊飯器の内釜の目盛りはどれに合わせればいい？

A 白いごはんを炊くときは、白米の目盛を見て合わせましょう。米を1合分入れたら「1」、2合分入れたら「2」の目盛まで水を入れてください。

Q お家の電子レンジのワット数がレシピと違うのですが。

A 電子レンジの簡単な換算表は以下の通りです。

500W	600W	700W	800W	1000W
1分	50秒	42秒	37秒	30秒
1分50秒	1分30秒	1分20秒	1分10秒	55秒
3分40秒	3分	2分30秒	2分20秒	1分50秒
6分	5分	4分20秒	3分50秒	3分
12分	10分	8分30秒	7分30秒	6分

※加熱時間は、材料や使用するレンジの機種により差が出ます。様子をみながら加減してください。

第2章 チンしてできる お手軽ごはん 22品

いただきます！

◆注意◆
この本では電子レンジは600Wのものを、
トースターは1000W（220〜230℃）のものを使用しています。
※トースターではトレーを使用します。

ピザトースト

 材料 (1人分)

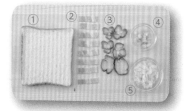

- ●食パン（6枚切り）① ………… 1枚
- ●ベーコン（1cm幅に切る）② ……
  ……………………………………… 1/2枚
- ●ピーマン（薄い輪切りにする）③
  ……………………………………… 1/2個
- ●コーン④ ……………… 大さじ1/2
- ●ピザ用チーズ⑤ ……………… 20g
- ●ケチャップ ……………… 小さじ2

ケチャップ

作り方

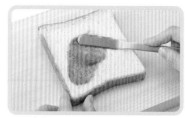

1 食パンにケチャップをぬる。

2 ベーコン、ピーマン、コーン、ピザ用チーズをのせる。

3 トースターで表面に焼き色がつくまで3〜4分ほど焼く。

じゃことのりの
チーズトースト

**材料** （1人分）

- 食パン（6枚切り）① …… 1枚
- ピザ用チーズ② …… 20g
- ちりめんじゃこ③
  …………………… 小さじ1
- 焼きのり ………… 1/4枚
- 刻みねぎ④ ………… 適量

焼きのり

作り方

1 ボウルにピザ用チーズ、ちりめんじゃこ、細かくちぎった焼きのりを入れてよく混ぜる。

2 食パンに1をのせる。

3 トースターで表面に焼き色がつくまで3〜4分ほど焼く。

4 皿に盛り、刻みねぎをちらす。

卵トースト

**材料** （1人分）

- 食パン（6枚切り）① ……… 1枚
- ゆで卵② …………………1個
- ミックスベジタブル
  （解凍しておく）③
  ………………… 大さじ2（30g）
- マヨネーズ ………… 大さじ1

マヨネーズ

作り方

1 マグカップにゆで卵を入れ、フォークで粗くつぶす。

2 ミックスベジタブルとマヨネーズを加えて混ぜる。

3 食パンに2をのせる。

4 トースターで表面に焼き色がつくまで3〜4分ほど焼く。

31

マシュマロトースト

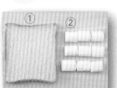 **材料** （1人分）

- 食パン（6枚切り）① ……… 1枚
- マシュマロ② …………… 9個
- チョコレートソース …… 適量

チョコレート
ソース

作り方

1 食パンにマシュマロをのせる。

2 トースターで表面に焼き色がつくまで3分ほど焼く。

3 皿に盛り、チョコレートソースをかける。

あんバター塩トースト

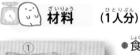 **材料** （1人分）

- 食パン（6枚切り）① ……… 1枚
- つぶあん② …… 大さじ2（60g）
- バター ………………… 10g
- 塩 ………………… ひとつまみ

バター　　　塩

作り方

1 食パンをトースターで表面に焼き色がつくまで2〜3分ほど焼く。

2 1につぶあんをぬり、バターをのせる。

3 トースターで1分焼いてバターを軽く溶かし、皿に盛って全体に塩をふる。

アスパラと ベーコンの バター炒め

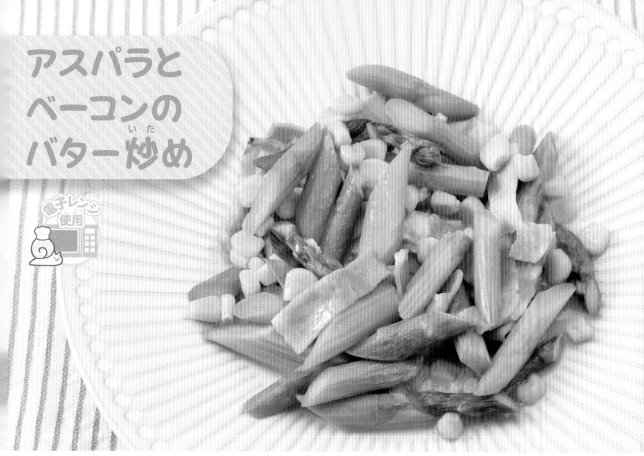

 材料 （2人分）

- アスパラ（3cm幅の斜め切りにする）① …………………… 1束（100g）
- ベーコン（1cm幅に切る）② …… 1枚
- コーン③ …………………… 大さじ2
- コンソメの素（顆粒）… 小さじ1/3
- バター …………………………… 5g
- おろしにんにく（チューブ）…… 1cm分

作り方

1 耐熱ボウルにすべての材料を入れる。

2 ふんわりとラップをかけ、電子レンジで3分加熱する。

 ベーコンをソーセージやハムに、アスパラをインゲンやブロッコリーに変えてもOK！

コンソメの素　バター　おろしにんにく

ポテトサラダ

34

塩　　マヨネーズ　　酢　　砂糖

材料
（2人分）

- じゃがいも（皮をむいて8等分に切る）①
  ………………………… 2個（300g）
- きゅうり（薄切りにする）② ………… 1/2本
- ハム（半分に切って1cm幅に切る）③ … 2枚
- 塩 ………………………… 小さじ1/6

- マヨネーズ ………………………… 大さじ2
- 酢 ………………………… 大さじ1/2
- ★砂糖 ………………………… 小さじ1/2
- 塩 ………………………… 少々

作り方

1 きゅうりは塩をまぶして5分ほどおき、しんなりしたら水気を絞る。

水気はしっかり絞ってね！

Q 水気を絞るのはなぜですか？

A 水っぽくならないようにするためです。また、水気をしっかり切ることで、しゃきしゃきとした食感が楽しめます。

2 じゃがいもは耐熱ボウルに入れてふんわりとラップをかけ、電子レンジで5分加熱する。

やけどに注意！

3 ②が熱いうちに木べらでつぶし、★を加えて混ぜる。

4 粗熱が取れたら、①とハム、マヨネーズを加えてよく混ぜる。

イェーイ

ラタトゥイユ

電子レンジ使用

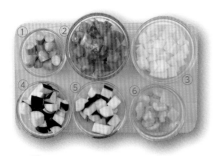

オリーブ油　　　塩　　　おろし
　　　　　　　　　　　　にんにく

材料
(2人分)

- ●ソーセージ（1.5cm 幅に切る）① ……… 3本
- ●トマト（1.5cm 角に切る）② …………… 1個
- ●玉ねぎ（1.5cm 角に切る）③ …… 1/2個
- ●なす（1.5cm 角に切る）④ ………… 1本
- ●ズッキーニ（1.5cm 角に切る）⑤ …・ 1/2本
- ●黄パプリカ（1.5cm 角に切る）⑥ …・ 1/2個
- ●オリーブ油 ………………………… 大さじ2
- ●塩 …………………………………………小さじ1/3
- ●おろしにんにく（チューブ）………… 2㎝分

作り方

やけどに注意！

1 耐熱ボウルにすべての材料を入れてよく混ぜる。

2 ふんわりとラップをかけ、電子レンジで10分加熱する。

3 レンジから取り出して全体をよく混ぜる。

パンやパスタといっしょに食べるのがおすすめですが、食パンにラタトゥイユとピザ用チーズをのせ、トースターで軽く焼くと、具だくさんのピザに！

カニ玉

電子レンジ使用

38

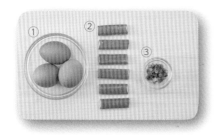

鶏がら
スープの素

砂糖

しょうゆ

ごま油

 材料
（2人分）

- 卵 ① ……………………………………… 3個
- カニ風味かまぼこ ② ………………… 6本
- 万能ねぎ（小口切りにする）③ ………… 適量

水 …………………………………… 大さじ2
鶏がらスープの素（顆粒）………… 小さじ1
★ 砂糖 …………………………………… 小さじ1
しょうゆ ……………………………… 小さじ1
ごま油 ………………………………… 小さじ1/2

作り方

1 耐熱ボウルに卵を割り入れ、菜箸でよく溶きほぐす。

2 ① に★と手でほぐしたカニ風味かまぼこを入れて混ぜる。

3 ふんわりとラップをかけ、電子レンジで2分加熱する。

やけどに注意！

4 取り出してよく混ぜたら、再度ラップをふんわりかけて、電子レンジでもう1分加熱する。

5 皿に盛り、万能ねぎをちらす。

 塩 こしょう ケチャップ 砂糖 酒 ごま油 片栗粉 鶏がらスープの素 おろしにんにく おろししょうが

材料
(2人分)

- むきエビ① ……………………………… 200g
- 塩・こしょう ……………………………… 各少々

- 長ねぎ（みじん切りにする）② ……… 10cm分
- 水 ……………………………………… 大さじ2
- ケチャップ …………………………… 大さじ2
- 砂糖 …………………………………… 大さじ2
- 酒 ……………………………………… 大さじ2
- ★ ごま油 ……………………………… 大さじ1/2
- 片栗粉 ………………………………… 大さじ1/2
- 鶏がらスープの素（顆粒）……… 小さじ1/2
- おろしにんにく（チューブ）………… 3cm分
- おろししょうが（チューブ）………… 3cm分

作り方

1 むきエビはペーパータオルで余分な水分をふき取り、塩・こしょうをふる。

2 耐熱ボウルに★を入れてよく混ぜる。

3 ②に①を加えて混ぜ合わせる。

4 ふんわりとラップをかけ、電子レンジで3分加熱する。

やけどに注意！

5 取り出してよく混ぜたら、再度ラップをふんわりかけて、もう2分加熱する。

牛肉のプルコギ

ぎゅうにく

電子レンジ
使用

しょうゆ　　砂糖　　ごま油　　白ごま　　おろし　　塩　　こしょう
にんにく

 材料
（2人分）

●牛切り落とし肉 ①	200g
●玉ねぎ（薄切りにする）②	1/4個
●パプリカ（薄切りにする）③	1/2個
●しめじ（根元を切る）④	1/2株
●万能ねぎ（4cm幅に切る）⑤	1/4束

しょうゆ	大さじ2
砂糖	大さじ1
ごま油	大さじ1
★ 白ごま	小さじ2
おろしにんにく（チューブ）	2cm分
塩・こしょう	各少々

作り方

1 ボウルに★を入れてよく混ぜる。

2 ①に牛肉を加えてよく混ぜ、10分ほど置く。

3 耐熱皿に玉ねぎ、パプリカ、しめじ、万能ねぎを盛り、②を広げながら上にのせる。

4 ふんわりとラップをかけ、電子レンジで6分加熱する。

やけどに注意！

5 電子レンジから取り出したら全体をよく混ぜる。

バター

生クリーム

塩

黒こしょう

材料
（2人分）

- 卵① ………………………… 2個
- ピザ用チーズ② ……………… 30g
- ベーコン（1cm幅に切る）③ ………… 1枚
- 玉ねぎ（薄切りにする）④ ………… 1/8個
- ほうれん草（3cm幅に切る）⑤ ……… 1株
- ミニトマト（縦4等分に切る）⑥ ……… 4個
- バター ……………………… 5g
- ★ 生クリーム ……………………… 大さじ3
- ★ 塩・黒こしょう ……………………… 各少々

作り方

やけどに注意！

1 ボウルに卵を割り入れ、ピザ用チーズと★を加えてよく混ぜる。

2 耐熱コンテナにベーコン、玉ねぎ、ほうれん草、ミニトマト、バターを入れ、電子レンジで1分30秒加熱する。

3 取り出したら、①を加えて混ぜ合わせる。

4 ふんわりとラップをかけ、電子レンジで3分加熱する。

5 粗熱が取れたらコンテナから出し、食べやすい大きさに切り分ける。

鮭のバターみそ焼き

塩

こしょう

バター

みそ

酒

みりん

おろし
にんにく

材料（2人分）

- 生鮭（切り身）① ……………………… 2枚
- キャベツ（ひと口大に切る）② ………… 2枚
- 玉ねぎ（薄切りにする）③ …………… 1/4個
- にんじん（細切りにする）④ ………… 1/4本
- 万能ねぎ（小口切りにする）⑤ ………… 適量
- 塩・こしょう ……………………… 各少々

- バター ……………………………… 10g

★
- みそ ………………………………… 大さじ2
- 酒 …………………………………… 大さじ1
- みりん ……………………………… 大さじ1
- おろしにんにく（チューブ） ………… 1㎝分

作り方

1 鮭はペーパータオルで余分な水分をふき取り、塩・こしょうをふる。

2 ボウルに★を入れて混ぜ合わせる。

3 アルミホイルを30cm幅に切って、中央にキャベツ、にんじん、玉ねぎ、①の順に重ねて置き、②をかける。

4 アルミホイルの奥と手前を合わせて折りこみ、左右も内側に折りたたんで、しっかり閉じる。

5 包んだものをトースターで15分焼く。

やけどに注意!

6 皿に盛ってホイルを広げ、万能ねぎをちらし、バターをのせる。

アルミホイルの閉じ方

1 アルミホイルの奥と手前の端を重ね合わせる。

2 合わせた端を2回折り、開かないように指でつまんで閉じる。

3 左右の端もそれぞれ2回折り、しっかり閉じる。

パングラタン

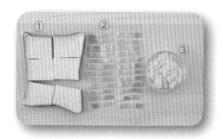

牛乳
（ぎゅうにゅう）

コーンクリーム
スープの素（もと）

ドライパセリ

 材料
（ひとりぶん）
（1人分）

- 食パン（6枚切りを6等分に切る）① … 1枚
- ベーコン（5㎜幅に切る）② ………… 1枚
- ピザ用チーズ③ ……………………… 30g
- 牛乳 ………………………………… 150㎖

- コーンクリームスープの素 ……………… 1袋
- ドライパセリ ………………………… 適量

 作り方

1 耐熱カップに牛乳を入れ、電子レンジで1分加熱する。

2 ①にコーンクリームスープの素を加えよく混ぜる。

3 耐熱皿に食パン、ベーコンを並べて②を注ぎ、ピザ用チーズをのせる。

4 トースターで、表面に焼き色がつくまで5分ほど加熱する。

やけどに注意！

5 取り出して、ドライパセリをふる。

 コーンクリームスープの素は、かぼちゃやほうれん草など、ほかのクリームスープの素でも代用可能！洋風のスープなら、オニオンスープとかでも大丈夫！

そーっとですよ

マヨネーズ　タルタル　中濃
　　　　　　ソース　ソース

材料 (2人分)

- むきエビ① ··································· 200g
- パン粉② ······························· 大さじ4
- リーフレタス(大きめにちぎる)③ ····· 1枚
- ミニトマト④ ································· 2個
- マヨネーズ ····························· 大さじ1
- タルタルソース ·························· 適量
- 中濃ソース ······························ 適量

作り方

1 むきエビはペーパータオルで余分な水分をふき取る。

2 ①にマヨネーズを薄くぬり、パン粉をつける。

3 アルミホイルをくしゃくしゃにしてトースターのトレーに敷く。

4 間隔をあけて②を並べ、トースターで7〜8分ほど焼く。

5 リーフレタスとミニトマトをのせた皿に④を盛り、タルタルソースを添えて、中濃ソースをかける。

ポイント
くしゃくしゃにしたアルミホイルを使うこと!

Q くしゃくしゃにするのはなぜ?

A アルミホイルをくしゃくしゃにすることで空間が生まれ、くっつきにくくなります。衣もべちゃっとせず、カリッと仕上がりますよ。

唐揚げ

片栗粉

サラダ油

しょうゆ

酒

ごま油

おろし
にんにく

おろし
しょうが

塩

材料
（2人分）

- 鶏もも肉（10等分に切る）① … 1枚（250g）
- レモン（くし形に切る）② …………… 1切れ
- 片栗粉 ………………………………… 大さじ2
- サラダ油 …………………………… 小さじ1

☆
しょうゆ …………………………… 小さじ2
酒 …………………………………… 小さじ2
ごま油 ……………………………… 小さじ1
おろしにんにく（チューブ）………… 2㎝分
おろししょうが（チューブ）………… 2㎝分
塩 …………………………………… 小さじ1/6

作り方

1 ボウルに☆を入れてよく混ぜる。

2 1に鶏肉を加えてからめ、冷蔵庫で20分ほど置く。

3 片栗粉を薄くまぶす。

4 アルミホイルを敷いたトレーにキッチンペーパーでサラダ油をぬる。

5 間隔をあけて3を並べ、トースターで10分焼く。

6 器に盛り、レモンを添える。

かぼちゃの
スコップコロッケ

オリーブ油　　牛乳　　　塩　　こしょう　中濃
　　　　　　　　　　　　　　　　　　　　ソース

　材料
（2人分）

- かぼちゃ（1cm幅のいちょう切りにする）①
　……………………………………… 200g
- ピザ用チーズ② ……………………… 30g
- ★パン粉③ ……………………… 大さじ2
- ★オリーブ油 …………………… 小さじ2
- 水 ………………………………… 大さじ1
- 牛乳 ……………………………… 大さじ1
- 塩・こしょう ………………………… 各少々
- 中濃ソース ………………………… 適量

作り方

1　耐熱ボウルにかぼちゃを並べて、水を回しかける。

2　ふんわりとラップをかけ、電子レンジで5分加熱する。

やけどに注意！

3　②のかぼちゃを木べらでつぶし、ピザ用チーズ、牛乳、塩・こしょうを加えて混ぜる。

4　グラタン皿に③を入れて、平らにならす。

5　別皿で★を混ぜ合わせ、④にのせる。

6　トースターで表面に焼き色がつくまで5分ほど焼く。

やけどに注意！

7　焼きあがったら取り出して、中濃ソースをかける。

焼きそば

焼きそば
付属のソース

青のり

 材料
(1人分)

● 豚こま切れ肉① ………………………… 50g
● 焼きそば麺（蒸し麺）② …………… 1玉
● キャベツ（ひと口大に切る）③ ……… 1枚
● にんじん（薄い半月切りにする）④ ‥ 1/4本

● もやし⑤ ………………………… 1/4袋（50g）
● 焼きそば付属のソース ……………… 1袋
● 水 …………………………………… 大さじ1
● 青のり …………………………………… 適量

 作り方

1 | 耐熱ボウルの底に豚肉を並べる。

2 | ①の上に麺をのせ、全体にまんべんなく付属のソースをかける。

3 | ②にキャベツ、にんじん、もやしをのせ、水をふりかける。

ポイント 野菜をのせる順番は適当でOKです。

4 | ふんわりとラップをかけ、電子レンジで3分加熱する。

やけどに注意！

5 | 取り出してよく混ぜ、再度ラップをかけて、もう1分加熱する。

6 | 皿に盛り、青のりをふる。

ナポリタン

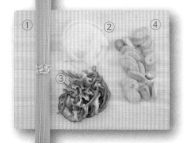

① ② ④

③

ケチャップ

バター

粉チーズ

コンソメ
の素

おろし
にんにく

塩

 材料
（1人分）

- スパゲティ①（ゆで時間7分のものを使用）
  ……………………………… 100g
- 玉ねぎ（薄切りにする）② ………… 1/8個
- ピーマン（細切りにする）③ ………… 1個
- ソーセージ（斜めに薄く切る）④ ……… 2本
- ケチャップ …………………………… 大さじ3

- バター ……………………………… 10g
- 粉チーズ …………………………… 適量

★
- 水 ………………………………… 250㎖
- コンソメの素（顆粒）……………… 小さじ1
- おろしにんにく（チューブ）……………… 2㎝分
- 塩 …………………………………… 少々

作り方

1 耐熱のコンテナに半分に折ったスパゲティを入れて、玉ねぎ、ピーマン、ソーセージをのせる。

2 混ぜ合わせた★を加え、バターをのせる。

3 ②を電子レンジに入れ、スパゲティのゆで時間に3分プラスして加熱する。

やけどに注意！

4 レンジから取り出し、のこった水分を蒸発させるように箸で混ぜる。

5 ケチャップを加えてさらに混ぜ合わせる。

6 皿に盛り、粉チーズをかける。

 ポイント
電子レンジで加熱する時間は、スパゲティのゆで時間に3分足した時間が目安。ゆで時間が7分のスパゲティを使うときは、10分加熱しよう。

カルボナーラ

電子レンジ使用

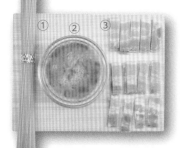

バター

粉チーズ

黒こしょう

コンソメの素

おろし
にんにく

塩

 材料
（1人分）

● スパゲティ① （ゆで時間7分のものを使用）
　　　　　　　　　　　　　　　　　 100g
● 溶き卵② ………………………… 2個分
● ベーコン（1cm幅に切る）③ ………… 2枚
● バター ……………………………… 10g
● 粉チーズ ………………………… 大さじ2

● 黒こしょう ……………………………… 少々

★ 水 ……………………………………… 250㎖
　 コンソメの素（顆粒）…………… 小さじ1
　 おろしにんにく（チューブ）………… 2㎝分
　 塩 ……………………………………… 少々

作り方

1 耐熱コンテナに半分に折ったスパゲティを入れてベーコンをのせる。

2 混ぜ合わせた★を加え、バターをのせる。

3 ②を電子レンジに入れ、スパゲティのゆで時間に3分プラスして加熱する。

やけどに注意！

4 レンジから取り出し、のこった水分を蒸発させるように箸で混ぜる。

5 溶き卵と粉チーズを加えてさらに混ぜ合わせる。

6 皿に盛り、黒こしょうをふる。

卵レタスチャーハン

ごま油　　鶏がら　　しょうゆ
　　　スープの素

材料（1人分）

● 卵① ……………………………… 1個	┃ ごま油 ……………………………… 小さじ1
● ハム（1cm角に切る）② ………… 2枚	★ 鶏がらスープの素 ……………… 小さじ1/2
● レタス③ ………………………… 1枚	┃ しょうゆ …………………………… 小さじ1/2
● ごはん④ ………………… 茶碗1杯分	

作り方

1 耐熱ボウルに卵を割り入れて溶きほぐす。

2 ①にハムとごはん、★を加えてよく混ぜる。

3 ②にふんわりとラップをかけ、電子レンジで2分加熱する。

やけどに注意！

4 レンジから取り出してよく混ぜ、ラップをかけずにもう1分加熱する。

5 レタスをひと口大にちぎって加え、軽く混ぜる。

 しょうゆ　 酒　 みりん　 砂糖　 塩

材料（2人分）

●ごはん① ……………………… どんぶり2杯分	●大葉④ ……………………………………… 2枚
＜鶏そぼろ＞	**＜いり卵＞**
●鶏ひき肉② …………………… 100g	●卵③ ……………………………………… 2個

＜鶏そぼろ＞

★
- しょうゆ …………………… 小さじ2
- 酒 …………………………… 小さじ2
- みりん ……………………… 小さじ1

＜いり卵＞

♥
- 砂糖 ………………………… 小さじ2
- 酒 …………………………… 小さじ1
- 塩 …………………………… ひとつまみ

作り方

1 耐熱容器に鶏ひき肉と★を入れてよく混ぜる。

やけどに注意！

2 ふんわりとラップをかけ、電子レンジで3分加熱してよく混ぜる。

3 別の耐熱容器に卵を割り入れ、箸で白身を切るようによく混ぜる。

4 ③に♥を加えてよく混ぜ、ラップはかけずに電子レンジで50秒加熱する。

やけどに注意！

5 取り出したら箸4本でよく混ぜ、ラップをかけずに電子レンジでもう50秒加熱し、さらによく混ぜる。

6 器にごはんを盛り、大葉をのせ、②と⑤をのせる。

ポイント

卵をうまくかき混ぜるには、白身を箸で切るようにするのがポイント！　箸で混ぜるのが難しければフォークを使うとかんたんです。

包丁の使い方

包丁は一番基本的かつ重要な調理器具です。
まずは基本の持ち方と切り方をマスターし、包丁を安全に使いこなしましょう。

包丁の部位と役割

刃先
刃の先端部分。肉や魚に切り目を入れたり、トマトのへたをくり抜くなどの細かい作業に適しています。

背（みね）
刃の反対にある、厚みのある部分。肉をたたいてやわらかくしたり、ごぼうの皮をむいたりもできます。

腹
刃の内側の平らな部分。にんにくをつぶすときなどに使います。

柄元
柄に近い根元の部分。親指と人差し指を置いて握る場所です。

柄
手で握る部分。

刃
かたいところを押し切るときなど、力を入れて切るときはここ。

刃元
柄に近い角部分。ここを使ってじゃがいもの芽をくり抜いたりします。

持ち方

柄元に親指と人差し指を置いて、手のひら全体で包むように持つのが基本。細く切ったりするときは、包丁を安定させるために人差し指を背（みね）に当てるようにして持つと扱いやすくなります。

切り方

安定した場所に食材を置き、包丁を持っていない方の手の指を曲げて食材を押さえながら、食材に対して包丁が垂直になるように刃を当てて切ります。ただし、かぼちゃなどのかたい食材を切る場合は、片手を背（みね）にのせて押し切ります。

材料の切り方

食材の切り方にはさまざまな種類があり、料理によって使い分けをします。
切り方ひとつで火の通りや口当たりに違いがでます。

くし切り

丸い食材を縦半分に切り、中心から放射状に等しく切り分けます。

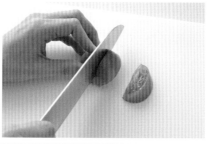

薄切り

食材を縦半分に切り、端から厚みをそろえて薄く切ります。玉ねぎの場合は繊維に沿って切ると食感がのこり、繊維を断つようにして切ると火の通りがよくなります。

斜め切り

細長い食材をやや斜めに置き、レシピに応じた幅になるように端から切ります。

乱切り

まず先端を斜めに切り落とします。次に切り口が手前にくるように食材を90度回し、切り口の半分くらいのところに包丁を入れて切ります。

角切り

レシピに応じたサイズで端から切り、さらに棒状になるように同じ幅で縦に切ります。最後にもう一度向きを変えて同じ幅で切って、さいころ状にします。1cmくらいのものは、さいの目切りとも呼びます。

細切り
繊維に沿って薄切りにし、何枚か重ねて端から4mm程度の細さに切ります。

短冊切り
細切りと同じように繊維に沿って薄切りにし、何枚か重ねて短冊のように長方形に切ります。

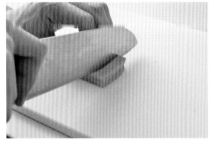

千切り
斜め切りにした食材を少しずつ重なるようにして並べ、細切りよりも細くなるように端から切ります。

輪切り
筒状の形の食材を端からレシピに合わせた幅で切ります。

半月切り
食材を縦半分に切ってから輪切りと同じように切ります。

（輪切りの半分）

いちょう切り
食材を縦半分に切ったものを、さらに縦半分に切ってから、輪切りと同じように切ります。

（輪切りの4分の1）

小口切り
細長くて筒状の食材を端から直角に切ります。

ぷに

みじん切り

玉ねぎ

長ねぎ

にんにく

長ねぎ

端から細かく切ります。

端から斜めに切り込みを入れた食材を、手前に回し、裏側も同様に切ります。

向きを変え、包丁を寝かせて横に切り込みを入れます。

向きを変えずにそのまま端から細かく切ります。

玉ねぎ

縦半分に切り、根元を残して縦に切り込みを入れます。

にんにく

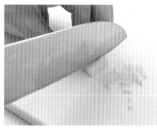

玉ねぎと同様に縦半分に切ってから縦と横に切り込みを入れます。

端から細かく切ります。

キッチンばさみの使い方

万能ねぎ

数本まとめて持ち、好きな幅に切ります。

しめじ

手でいくつかの房に分けてから、石づきの根元を切り落とします。

鶏肉

皮や肉の間にある黄色っぽい脂を指でつまんでひっぱりながら切ります。

ベーコン

フライパンの上で、好みの幅に切り落とします。

コンロの使い方

焼く・炒める・煮る…火を使った加熱調理は料理になくてはならない工程です。
火を扱うことは危険をともないますので、必ず親と一緒か、許可を得てからやるようにしてください。

☑ コンロ近くに物を置かない

紙類やプラスチック製品、木製製品などは燃える恐れがあるので、コンロの近くに置かないようにしましょう。

☑ 鍋・フライパンは ぐらつかないように置く

鍋やフライパンをコンロの中心からズラして置いてしまうと、火の通りが均一にならない上に、ひっくり返ってしまう恐れがあるので注意。

☑ 必ず換気をする

コンロの使用中は、ガスの充満を防ぐのと同時に、新鮮な空気でガスを燃やすために必ず換気をしましょう。窓を開けたり、換気扇を回したりすれば OK です。

☑ 火をつけたままコンロから離れない

万が一、空だきなどになってしまうと、フライパンや鍋を傷つけるだけでなく、火事の原因になることも。加熱調理をする前に下ごしらえをすべて済ませる手順で進めると、火を扱うことに集中できるので事故が起きにくくなります。

☑ 加熱中や加熱直後は直接さわらない

やけどするので絶対にやめましょう。取っ手がついているものでも取っ手自体が熱くなっていることがありますので、動かしたい場合は鍋つかみやミトンを使いましょう。

火加減の説明

弱火

鍋の底に火が当たらない状態。長時間かけてゆっくりと火を通したい煮ものなどに適しています。

中火

鍋の底に火が当たるか当たらないかの状態。多くの料理に使われます。弱めの中火の場合は、弱火と中火の中間を目安にします。

強火

鍋の底全体に火が当たり、火が折れて左右に大きく広がっている状態。炒めものや湯を沸かすときに適しています。

卵で練習してみよう！① ゆで卵＆目玉焼き

火を使った調理の練習には、火が通りやすい卵を使った料理が最適。
ちょっとしたコツで誰でもおいしく作れちゃう、かんたんな卵料理のレシピを紹介します。

ゆで卵の作り方

材料 ・卵 ・塩

1 卵は丸みのある方の殻に画びょうやピンで穴を開ける。

2 鍋底から7〜8cmの高さの湯を沸かし、ひとつまみの塩と卵を加える。

3 弱めの中火で好みのかたさになる時間までゆでる。

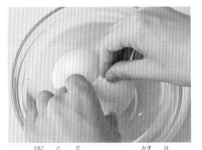

4 卵を取り出したらすぐに水を張ったボウルに入れ、粗熱を取る。

5 少しだけ殻をむいたところに流水を当て、水の勢いを利用して殻をむく。

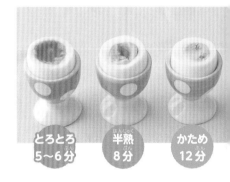

とろとろ 5〜6分　半熟 8分　かため 12分

目玉焼きの作り方

材料 ・卵 ・サラダ油

1 フライパンにサラダ油を引き中火で熱し、卵を静かに流し入れる。

2 すぐにふたをし、弱めの中火で3分焼く。

3 ふたをとって焼き加減を確認してから皿に盛りつける。

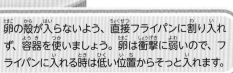

ポイント 卵の殻が入らないよう、直接フライパンに割り入れず、容器を使いましょう。卵は衝撃に弱いので、フライパンに入れる時は低い位置からそっと入れます。

卵で練習してみよう！② 卵焼き

卵焼きの作り方

材料 ・卵 ・サラダ油 ・水 ・砂糖 ・和風だしの素 ・大根おろし ・しょうゆ

1 ボウルに卵（2個）と水（大さじ1と1/2）、砂糖（小さじ1）、和風だし（顆粒：小さじ1/4）を入れて混ぜる。フライパンを中火で熱してサラダ油を引き、折りたたんだキッチンペーパーで全体に油を薄くのばす。

2 卵の半量をフライパンに流し、半熟状になるまで菜箸を使ってかき混ぜる。

3 フライパンのフチを菜箸で一周して卵をはがしやすくし、フライ返しで奥から手前に折りたたむように巻く。

4 フライパンの奥に最初に使ったキッチンペーパーで油を引き、巻いた卵を奥にずらして手前にも油を引く。

5 残りの卵をフライパンに流し、巻いた卵の手前を菜箸で浮かせて下に流し入れる。半熟状になったら手前に巻く。巻き終わったら一口大に切って皿に盛り、大根おろしを添えて、しょうゆをかける。

72

第 **3** 章 コンロで作る
人気ごはん

10 品

豚のしょうが焼き

コンロ
使用

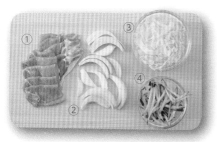

小麦粉　　サラダ油　しょうゆ　　酒　　　砂糖　　おろし
　　　　　　　　　　　　　　　　　　　　　　　　　しょうが

材料
（1人分）

●豚ロース薄切り肉（半分に切る）①
　　　　　　　　100g（5〜6枚）
●玉ねぎ（1cm幅のくし切りにする）②… 1/4個
●キャベツ（千切りにする）③ ………… 適量
●きゅうり（千切りにする）④ ………… 適量
●小麦粉 ……………………… 大さじ1/2

●サラダ油 …………………… 大さじ1/2
┃しょうゆ …………………… 大さじ1
┃酒 …………………………… 大さじ1/2
★砂糖 ………………………… 小さじ1
┃おろししょうが（チューブ）……… 2cm分

作り方

1 豚肉は広げて小麦粉を両面にまぶす。

2 ボウルに★を入れて混ぜ合わせる。

3 フライパンにサラダ油を引いて中火で熱し、玉ねぎを加えて炒める。

4 玉ねぎに焼き色がついたら端に寄せ、①を広げながら並べて焼く。

5 豚肉に焼き色がついたらひっくり返し、②を加えて煮からめる。

6 キャベツときゅうりを混ぜ合わせて皿に盛り、⑤を盛る。

煮からめるとは、具材に煮汁をからませながら火を通すこと。フライパンをゆすって具材に調味料をからめながら、炒め煮にしましょう。

サラダ油　酒　鶏がら　黒こしょう
　　　　　　　　スープの素

材料
(1人分)

- キャベツ（ひと口大に切る）① ……… 100g
- にんじん（短冊切りにする）②
　　　　　　　………………………… 30g（1/5本）
- 魚肉ソーセージ（1cm幅の斜め切りにする）③
　　　　　　　……………………………… 1/2本
- ピーマン（細切りにする）④ ……… 1/2個
- サラダ油 ……………………………… 小さじ1
- 酒 ……………………………………… 小さじ2
- 鶏がらスープの素（顆粒）……… 小さじ1/3
- 黒こしょう ……………………………… 適量

作り方

1. フライパンにサラダ油を引いて中火で熱し、キャベツとにんじん、魚肉ソーセージ、ピーマンを入れて30秒ほど炒め合わせる。

2. 酒を回しかけてふたをし、1分ほど蒸し焼きにする。

3. ふたを取り、上下を返してひと混ぜし、鶏がらスープの素を加えて手早く炒め合わせたら、皿に盛り、黒こしょうをふる。

具材はソーセージやベーコン、ハム、白菜、もやし、パプリカなど、冷蔵庫に少量残っている野菜を組み合わせてもおいしくできるよ。

肉じゃが

コンロ
使用

① ② ③ ④ ⑤

サラダ油　しょうゆ　砂糖　酒　みりん　和風だしの素

 材料（2人分）

●牛切り落とし肉① ………………………… 150g	●サラダ油 ………………………………… 小さじ1
●じゃがいも（ひと口大に切って水にさらす）② …………………………………………………… 2個	●しょうゆ …………………………………… 大さじ2
●玉ねぎ（1cm幅のくし切りにする）③ … 1/2個	水 ………………………………………… 300mℓ
●にんじん（1cm幅のいちょう切りにする）④ …………………………………………… 50g（1/3本）	砂糖 ……………………………………… 大さじ1
	★酒 ……………………………………… 大さじ1
●いんげん（3cmの長さに切る）⑤ ……… 4本	みりん …………………………………… 大さじ1
	和風だしの素（顆粒） …………………… 小さじ1

作り方

1 鍋にサラダ油を引いて弱めの中火で熱し、じゃがいも、玉ねぎ、にんじんを炒める。

2 全体に油が回ったら、★と牛肉を加えて中火にする。

3 沸騰後、あればアクを取り、中火のまま5分ほど煮る。

4 しょうゆを加え、アルミホイルで落としぶたをして弱火で10分ほど煮る。

5 落としぶたを取り、いんげんを加えて中火にし、2分ほど煮る。

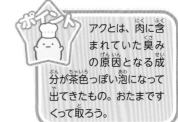

ポイント

アクとは、肉に含まれていた臭みの原因となる成分が茶色っぽい泡になって出てきたもの。おたますくって取ろう。

落としぶたとは？

落としぶたとは、具材に直接のせるふたのこと。アルミホイルの中央に穴を開けて、具材の上にのせよう。味がしみ込みやすくなるよ。

① ③   ⑤

バター　サラダ油　牛乳　塩　ケチャップ　中濃ソース　しょうゆ

材料
（2人分）

- 合いびき肉① ……………………… 200g
- 玉ねぎ（みじん切りにする）② …… 1/2個
- トマト（くし切りにする）⑤ …… 1/2個
- ベビーリーフ⑥ ……………………… 適量

- バター ………………………………… 10g
- サラダ油 …………………………… 大さじ1/2
- 水 …………………………………… 大さじ2
- 溶き卵③ ……………………… 1/2個分
- パン粉④ ……………………………… 20g
- ★ 牛乳 ……………………………… 大さじ1
- 塩 …………………………………… 小さじ1/4

＜ソース＞

ケチャップ ………………………… 大さじ2
中濃ソース ………………………… 大さじ2
しょうゆ …………………………… 小さじ1/3

作り方

1 耐熱ボウルに玉ねぎを入れてバターをのせる。ふんわりとラップをかけ、電子レンジで4分加熱して冷ます。

2 別のボウルにひき肉と①、★を入れ、つやが出てくるまで手でよく混ぜる。

3 ②の半分を手に取り、空気を抜くように左右の手のひらに打ちつける。

4 小判形に整え、熱が入りやすいように中央を少しへこませる。

5 フライパンにサラダ油を引いて中火で熱し、④を並べて1分焼く。

6 焼き色がついたらひっくり返し、水を加えてふたをし、弱めの中火で5分ほど蒸し焼きにする。

7 ベビーリーフとトマトをのせた皿に盛り、よく混ぜ合わせたソースをかける。

チキンのクリーム煮

小麦粉

サラダ油

コンソメ
の素

牛乳

生クリーム

材料
（2人分）

- 鶏もも肉（10等分に切る）① … 1枚（250g）
- アスパラ（4cm幅の斜め切りにする）②
  ……………………… 1束（100g）
- 小麦粉 ……………………… 大さじ1

- サラダ油 ……………………… 大さじ1
- コンソメの素（顆粒）………… 小さじ1/2

★ 牛乳 ……………………… 200㎖
★ 生クリーム ……………………… 50㎖

作り方

1 耐熱ボウルにアスパラを入れ、ふんわりとラップをかけ、電子レンジで1分加熱する。

2 鶏肉に小麦粉をまぶす。

3 フライパンにサラダ油を引いて中火で熱し、鶏肉の皮目が下になるように並べて焼く。

4 焼き色がついたらひっくり返し、キッチンペーパーでフライパンの油をふき取る。

5 4に★とコンソメの素を加え、弱めの中火で7〜8分ほど煮る。

6 1を加えてひと混ぜする。

ポイント アスパラを煮込むと食感が悪くなります！先に電子レンジで加熱して、最後にさっとクリームと合わせましょう。

豚汁
とんじる

コンロ
使用
しょう

ぎゅう

ぎゅ

みそ　酒　和風だしの素

材料
（2人分）

- 豚バラ薄切り肉（ひと口大に切る）①
  ……………………………… 50g
- しめじ（根元を切る）② ……………… 30g
- にんじん（5mm幅の半月切りにする）③ … 30g
- 油揚げ（1cm幅の短冊切りにする）④ … 1/2枚

- 大根（5mm幅のいちょう切りにする）⑤ … 50g
- みそ ……………………………… 大さじ1
- 水 ……………………………… 400ml
- 酒 ……………………………… 大さじ1
- 和風だしの素（顆粒）………… 小さじ1/2

作り方

1 鍋にみそ以外の材料を入れ、中火にかける。

2 沸騰後、あればアクを取り、弱火にしてふたをし、10分ほど煮る。

3 みそを溶き入れたら、火を止める。

ポイント

みそはそのまま鍋に入れると溶けにくいので、おたまにのせて、菜箸で少しずつ煮汁と混ぜながら加えよう。

サラダ油　おろし　おろし　カレールー　バター
　　　　　しょうが　にんにく

材料

（作りやすい分量：6皿分）

- 豚こま切れ肉① ……………… 200g
- じゃがいも（一口大に切って水にさらす）② …………………………… 2個
- にんじん（乱切りにする）③ ……… 1/2本
- 玉ねぎ（1cm幅のくし切りにする）④ … 2個
- ごはん⑤ ………………………… 適量

- サラダ油 …………………… 大さじ1
- おろししょうが（チューブ）……… 2cm分
- おろしにんにく（チューブ）……… 2cm分
- 水 …………………………… 750ml
- カレールー ……………… 1箱（115g）
- バター ……………………… 20g

作り方

1 鍋にサラダ油とおろししょうが、おろしにんにく、豚肉を入れて弱めの中火で炒める。

2 肉の色が変わったら、じゃがいも、にんじん、玉ねぎを加えて炒める。

3 全体に油が回ったら水を加えて中火にし煮立たせる。アクが出るようなら取る。

4 弱火にしてふたをし、10分ほど煮る。

5 野菜がやわらかくなったら火を止め、ルーを割り入れて溶かす。

6 よく混ぜてルーがしっかり溶けたら、もう1度弱火にかけ、とろみが出るまで5分煮る。

7 バターを加えてひと混ぜし、バターが溶けたら、皿に盛ったごはんにかける。

ミートソースパスタ

コンロ使用

オリーブ油 ドライパセリ ケチャップ コンソメの素 塩

 材料
(2人分)

- スパゲティ① ……………………… 200g
- 合いびき肉② ……………………… 200g
- にんにく（みじん切りにする）④ …… 1片
- にんじん（みじん切りにする）⑤
  …………………………… 1/3本（50g）
- 玉ねぎ（みじん切りにする）⑥ …… 1/2個

- オリーブ油 ……………………… 大さじ1
- ドライパセリ …………………… 適量

★ カットトマト缶③ …………… 1缶（400g）
★ ケチャップ ……………………… 大さじ3
★ コンソメの素（顆粒）…………… 小さじ1
★ 塩 ……………………………… 小さじ1/2

作り方

1 鍋にオリーブ油を引き、にんにく、にんじん、玉ねぎを入れ弱火で炒める。

2 玉ねぎが透き通ってきたら合いびき肉を加え、木べらなどでほぐしながら炒める。

3 肉に火が通ったら★を加え、木べらでよく混ぜる。

4 火を弱めの中火にしてかき混ぜながら20分ほど煮る。

5 別の鍋に湯を沸かしてスパゲティを入れ、パッケージにあるゆで時間通りにゆでる。

6 ⑤をザルに上げて湯を切り、皿に盛る。

7 ④をかけ、パセリをちらす。

もぐもぐ

オムライス

コンロ
使用

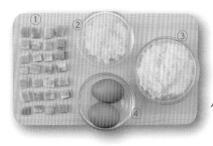

ケチャップ　塩　こしょう　バター　サラダ油　牛乳

 材料
（1人分）

- ●ベーコン（1cm角に切る）① ……………… 2枚
- ●玉ねぎ（みじん切りにする）② …… 1/4個
- ●温かいごはん③ ………………… 茶碗1杯分
- ●卵④ ……………………………………… 2個
- ●ケチャップ ……………………… 大さじ2

- ●塩・こしょう ……………………………… 各少々
- ●バター ……………………………………… 10g
- ●サラダ油 ………………………… 小さじ2
- ★●牛乳 ……………………………………… 大さじ1
- ★●塩 …………………………………………… 少々

 作り方

1 ボウルに卵を割り入れて★を加え、白身を切るようにしっかりと混ぜる。

2 フライパンにサラダ油を引いて弱めの中火で熱し、ベーコンと玉ねぎを加えて炒める。

3 玉ねぎが透き通ってきたらケチャップを加えて炒める。

4 温かいごはんを加えてほぐしながら炒め、塩・こしょうで味を調え、皿に盛る。

5 フライパンにバターを入れ中火で溶かし、1を流し入れ、木べらで全体をゆっくり混ぜ、半熟になってきたら火を止める。

6 4に5をのせ、ケチャップ（分量外）をかける。

フレンチトースト

バター　　メープル　　牛乳　　砂糖
　　　　　シロップ

 材料
（2人分）

- ●ソフトフランス（斜めに薄く切る）① … 6切れ
- ●卵② ……………………………… 2個
- ●いちご（縦4等分に切る）③ ………… 4個
- ●ブルーベリー ④ ………………… 16個
- ●ミント ⑤ …………………………… 適宜

- ●バター ………………………………… 20g
- ●メープルシロップ …………………… 適量
- ★牛乳 …………………………………… 100ml
- ★砂糖 …………………………………… 大さじ2

作り方

1 バットに卵を割りほぐして★を加え、白身を切るようにしっかりと混ぜる。

2 パンを入れ、時々上下をひっくり返しながら30分ほど浸す。

3 フライパンにバターを入れて中火で溶かし、②を入れて2分ほど焼く。

4 パンをひっくり返してふたをし、弱火で3〜4分ほど蒸し焼きにする。

5 皿に盛り、フルーツとミントを添え、メープルシロップをかける。

洗い物をしよう！

作るだけではなく、後片づけまでが料理です。
料理を作る合間に洗い物ができるようになったら料理上級者！

洗い物で使う道具はこれ！

 ☑ 食器用洗剤　　☑ スポンジ　　 ☑ 食器用ふきん

ポイント

食器、調理道具によっては、たわしなどの特定の道具が必要になることがあります。おうちの人に確認して、洗い物をするようにしてね。

洗い物スケジュール

調理道具は料理を作った後に、食器は食事をした後に洗おう！

調理後も洗い物を放置したままにしていると、すぐにシンクがいっぱいになり不便なうえ、不衛生です。
調理道具を先に洗っておけば、食器洗いもスムーズになります。

調理後　　　　　　　　　　　**食事後**　　　　　　　　　　　　洗い物クリア

1 鍋に水をはっておく

2 包丁、まな板は使ったらすぐ洗う

3 フライパン、鍋、そのほかの調理道具を洗う

4 汚れの少ない食器から洗う

5 油汚れの食器は先にキッチンペーパーでふく

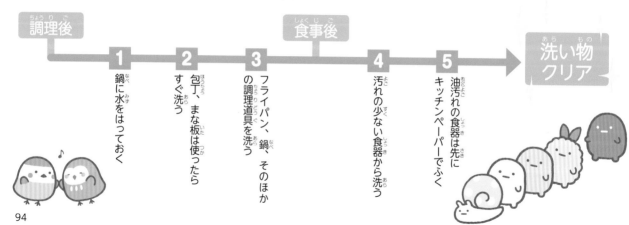

洗い物のやり方

1 鍋に水をはっておく

鍋は使い終わり熱が冷めたら、すぐに水をはっておきましょう。その方が汚れが落ちやすくなります。

2 包丁、また板は使ったらすぐ洗う

包丁、まな板は切った素材の汁などの汚れがつきやすいため、一度使ったらすぐに洗うようにしましょう。

3 フライパンや鍋など調理道具を洗う

調理器具は汚れの少ないものから洗うようにしましょう。フライパンなどの油汚れがひどいものは後回しに。

4 汚れの少ない食器から洗う

あとから

先に

洗い物は先に汚れの少ないものから洗った方が、スポンジが汚れにくくなり効率的です。

5 油汚れの食器は先にキッチンペーパーでふく

油汚れがひどい食器は先にキッチンペーパーで汚れをふき取りましょう。

フライパンの油は先にキッチンペーパーでふき取ってから洗いましょう。

洗い物が終わったら…

調理道具・食器

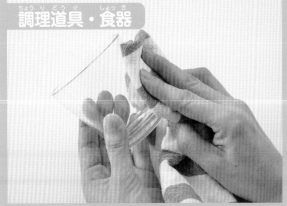

洗い終わった後の調理道具、食器の水気はふきんでふいてからしまいましょう。

調理台

食器用のふきんとは別のふきんで調理台をふきましょう。

島本美由紀（しまもと・みゆき）

料理研究家・ラク家事アドバイザー。身近な食材で誰もが手軽においしく作れる料理レシピを提案。家事全般のラクさを追求する「ラク家事アドバイザー」としても活動し、幅広い層の女性に支持されており、テレビや雑誌、ラジオを中心に多方面で活躍中。YouTube「島本美由紀のラク家事ちゃんねる」では、家事がラクに楽しくなるアイデアを毎朝9時に発信している。「とにかくかんたん　ゆる〜っとはじめる10分自炊」（東京書店）や「野菜保存のアイデア帖」（パイインターナショナル）、「らくしてレンチンスープ弁当レシピ」（コスミック出版）など、著書は80冊を超える。

STAFF

調理アシスタント　原久美子
撮影　森カズシゲ
デザイン　株式会社ACQUA

すみっコぐらし
はじめてのお料理Book
子どもお料理入門

2023 年 8 月 20 日　初版発行
2024 年 4 月 1 日　第 3 刷発行

著者●島本美由紀
監修●サンエックス株式会社
発行者●鈴木伸也
発行所●東京書店株式会社
　　　〒105-0001
　　　東京都港区虎ノ門 4-1-40　江戸見坂森ビル 4F
　　　TEL 03-6284-4005
　　　FAX 03-6284-4006
　　　http://www.tokyoshoten.net
印刷・製本●株式会社シナノ

©2023 San-X Co., Ltd. All Rights Reserved.
Printed in Japan
ISBN978-4-88574-597-3　C2077

※乱丁・落丁本はお取り替えいたします。
※無断転載・複製・翻訳を禁じます。